JN418859

봄의 프로펠러

백우선 시집

문학의전당

自序

이 아이들은

나이 차가 열 몇 살입니다.

이 땅에 존재하는 모든

유명, 무명의 몸들과 함께

아무쪼록 아비 탓을 넘어

뵙는 이들 잘 뵈며 살으라

일렀습니다.

2010년 여름
백우선

| 차례 |

1부 돌탑을 쌓는 사람들

2부 무지갯빛 텔레파시 폰

3부 서로의 빈 잔을 채우며

1부 돌탑을 쌓는 사람들

장미를 위하여

그 이름, 얼마를 달싹여 이렇듯 겹겹의 입술인가

그 얼굴, 얼마를 여겨보아 이렇듯 겹겹의 눈시울인가

가슴에 모아 올린 두 손,

얼마나한 떨림의 겹침인가

한시도 안 놓치려 깨우는 침——전신의 가시여, 가시여

나무의 지도
−나뭇잎

한 그루의 나무를 아는 데에도
수만 장의 지도가 필요하구나.

손바닥만 한
오만 분의 일 지도

이어지고 이어지는
생명 입자들의 길

네게로 가는 길도
다 들어 있구나.

빛의 새

하양머리마고새를 아직도
못 보셨나요?
신단수꽃 만발한
그 깊은 비원의 숲에서
알 낳는
빛의 알을 낳는
어둠의 씨알들을 쪼아먹고
하루와 한 해와 백천 년의
아침을 낳고 있는
그와 함께한
향기로운 빛웅덩이에서
긴 꽁지를 돌아보며
멀리를 내다보고 있는
알에서 갓 깨어나
종종거리는 빛아기 떼로
더 환한
하양머리마고새를 아직도
못 보셨나요?

하늘매발톱꽃

매는 슬퍼하는 것은 잡지 않는다.
병든 것, 죽은 것,
덫에 걸린 것도 쪼지 않는다.
새끼 밴 것, 어린 것,
주린 것도 쏘아보지 않는다.
죽음을 두려워하는 것도 놓아둔다.
죽음은 몸 바꾸기일 뿐이라는
기꺼이 준비된 것들의 급소만을 향해
날카로운 부리로 일격을 가한다.
그런 매만이 꽃이 된다.
아직 푸르른 하늘빛 꽃이 된다.
살점을 물어뜯는 부리의 꽃이 아니라
합장하듯 움켜잡는 두 발의
두근대는 맥박 끝
온몸을 감싸 안는 발톱꽃이 된다.

네가 나를 훔치는 동안

네가 몰래 내 자리의 옆구리를 따고
네가 슬쩍 내 가방을 훔치는 동안
네가 내 돈, 신용카드, 주민등록증, 수첩, 운전면허증 따위를
훔치는 동안
나는 새봄과 함께 있었는데
나는 봄싹, 봄꽃, 봄소리에 나를 잃고 있었을 뿐인데
그동안에 네가 내 가방을 훔친 것은
그동안에 네가 내 분신들을 훔친 것은
그동안의 나를 내게 보이려는 것이었을까?
나도 무얼 훔치고 있었다는
나도 누군가의 땀, 휴식, 기쁨 따위를 훔치고 있었다는
나도 무언가의 목숨의 꽃잎 따위를 훔치고 있었다는 것일까?
그렇다면 너와 나는 동업 중이었던 것일까?
아니면 내가 더 큰 도둑이었던 것일까?

여름하고 놀기

몸 달아 가슴 달아
그대여 그대여 뿜어 맺는
구슬구슬 땀구슬의

'콧등의 여름'이라는 제목으로 위와 같이 썼더니, 더 덥다.

여름, 날도 더운데 'ㅇ ㅕ ㄹ ㅡ ㅁ' 이렇게 풀어 놓으면, 좀 덜 답답할까?
요것들 가지고 한 번 놀아보면 좀 덜 무더울까?

'ㅇ' 하면 앵두 · 버찌도 맛있지만, 살구 · 복숭아 · 포도 · 자두도 새콤하고 달콤하다.

'ㅕ' 하면 가지 내민 나무, 나뭇가지에 옷 훌렁 벗어 걸어놓고

'ㄹ' 하면 르르르르 흘러내리는 계곡물에 발 담그고 기분도 랄랄랄랄

'ㅡ' 하면 풀잎이나 송사리, 메뚜기의 더듬이 끝 또는 풀벌레나 멧새의 짧은 울음 소리

‘ㅁ’ 하면 상자 하나, 이 속엔 무엇이 들어 있을까? 유리 밀실, 투명 알몸으로 염천보다 더 뜨겁게 사랑 중인 작디작은 연인 한 쌍 들어 있을까?

‘ㅇㄹ’ 하면 알 품는 새거나 알 안고 기어가다 놓고 쉬는 뱀

‘ㅇㅁ’ 하면 얼음 채운 수박, 뼈끝까지 차르르르 이 무더위 얼어붙을까?

나무 의자

한 생을 우뚝 서서 하늘만 우러르다가
수만 잎의 손과 얼굴로 하늘 향해 반짝이며 환호하다가
낮고 낮아져 이제는 또 한 생
몸의 뼈만으로
말의 뼈무늬만으로
더 높은 하늘
사람을 받습니다.
하늘을 낳으며
목숨들 아래 거름을 뿌리는
사람의 둔부를 받습니다.

마이산

밀어란 밀어
노래란 노래로 나란히만
휘달리던 말 한 쌍,
영혼의 쌍발굽도
하늘까지 올라
영원할 소리의 바위귀를
다시 받은 환생—;
한쪽은 감춘 채
둘이서만 속삭이고
한쪽은 높이 세워
세상과 주고받는
하늘의 소리,
그 천기의 울림
귓전을 감돌 때마다
사람들은 자꾸
돌탑을 쌓는다.

마라도의 해넘이

공중에서는 날품팔이꾼의 아픈 허리께를 밟아가듯 천천히 아주 천천히 부릅뜬 불호령의 위엄으로 자리를 옮기더니, 바다에 가까워지면서는 꽃분홍 신부의 미끈한 종아리께를 타내리듯 새신랑 홍옥사과의 얼굴로 빨리 아주 빨리 파도살을 파고든다 뒤도 안 돌아보고 그의 품에 쏙 안기고 만다

—둘의 숨결 가빠만 가며 활활 타오르는 날마다의 혼야

빈 밤
–달빛에 쓰다

모여 타는 모닥불을
혼자 피운다.
달빛 희푸른 겨울 한밤중
말라붙은 냇바닥에
시린 풀 긁어 모와
불을 지핀다.
푸시푸시 마침내
활활 타올라
얼었던 달빛 녹아 흐르고
바람막이 찬 등
나뭇가지의 서리도
한시름 놓는다.
풀잎은 화르륵 타버리고
흔들림을 지탱하던
풀 뼈마디의 숯불은
별밭으로 빛난다.
어른거리는 얼굴들
홀로 앉은 겨울밤을
금빛 물결은 출렁인다.

큰북

천명을 다한 뒤거나
병을 함께 앓다 생을 끝낸
가죽소는 달린다.

법고로 다시 서서
길이란 길을
노닐며 춤추며 달려간다.

시냇물이나 소낙비의
노래와 신명 가락으로
흘러가며 손들을 잡는다.

만나는 목숨마다
그의 심장 박동으로
둥둥거린다.

눈물의 용연향

향유고래는 대왕오징어를 먹는다.
다만 살기 위해 먹지만
대왕오징어의 뼈에 위를 찔린다.
먹이사슬의 슬픔에 아픔이 겹쳐
눈물을 삼키며, 속눈물을 흘린다.
뱃속에서 키워 토해낸 지방덩어리는
시커멓고 시취로 코를 찌른다.
대왕오징어 문중입납 예물이 되려면
10년은 더 바닷물에 띄우고
햇볕과 바람과 소금기로 정제해야 한다.
향유고래의 눈물은 그때에야
하얗고 단단하며 향기로워진다.
가장 깊고 높은 향,
모든 향을 오래 품는 용연향이 된다.

가물치

불솥도 뒤흔들던 가물치를
국물로 마셨다.

몸의 길목마다에서 가물치는
내 적들과 한판씩 붙는다.

그것들을 잡아먹고 기가 더 살아
불뚝불뚝 핏줄을 헤엄쳐 다닌다.

팔의 여울께에선 비늘빛이
'반짝' 하기도 하고

가물치가 솟구치는지
내 몸의 물살도 '출렁' 한다.

나도 지금 바로 저 강을 수놓는
그들 몸을 힘차게 굽이친다.

2부

무지갯빛 텔레파시 폰

시업

칼날을 벼리고 벼려
내 목을 겨눈 채
밥이 되느냐, 힘이 되느냐,
눈알을 부라리고 송곳니 번득이며
으르렁거리는 그 사자,
그 앞에 내 시는 증인으로 꽁꽁 묶여
무릎 꿇려 있다.
버리고 잃고 끊고 가두면서
끝도 없이 헤매는
신기루뿐인 가시밭길,
헐벗고 할퀴인 시의 맨발은
또 깊이 칼날에 베여
풋비린 피만 끈적인다.

텔레파시 폰

당신들에겐 있고
나에겐 없는 휴대폰 대신
나에겐
비밀 아닌 비밀의 이게 있네.
하고 싶은 말 생각만 하면
금방 날아가고
문자 메시지도 동영상도
귓속으로가 아니라 가슴속으로
통화불능 지역도 없이 언제나
또렷또렷 날아가 파고들고
또 곧바로 자동 회신되는
초첨단 정밀 기기 이것은 있네.
노래도, 꿈도, 아름다운 이야기도
동시 송수신 안 되는 적이 없고
감청에도 털끝 하나 걸리지 않네.
가슴뼈에 새겨진 통화기록도
누설될 리 전혀 없고
지진도 태풍도 미동만 하면
바로 알지 못할 일 하나 없네.
당신들은 버려두고

나만 애용하는 것,

나에겐

또 다른 당신들과만 주고받는

무지갯빛 뇌파의

텔레파시 폰이 있네.

경계에서

―묘비명

나는 이제 내 밥이던 것들의 밥으로 돌아간다

나는 이제 내 몸이던 것들의 몸으로 돌아간다

내 사랑이던 것들의 사랑으로

내 노래이던 것들의 노래로

나는 이제 천지 가득 돌아간다 — 또 다른 나에게로

넥타이

당신들에겐 과녁,
내겐 방패

막고 맞은
화살로

밥을 짓고
집에 들고

목 달린 아이들을
또 낳는다.

행복의 배후

라면으로 끼니를 때우던 때가 있었다. 신산辛酸의 신辛 라면, 매운 삶에 매운 맛을 걸쳐 먹은 적이 많았다. 눈 깊은 가호가 깃들여 신辛이 행幸이 되게 하려는, 매운 맛이 단 맛이 되게 하려는 제의였을까? 고추를 고추장에 찍어먹는 맛의 비의–, 오늘도 신辛 라면의 얽힌 면발을 후루루룩 빨아들인다. 여전히 아득하기만 한 삶의 신산이 행복의 배후가 되어 달라고.

월드컵 저 선수

공을 몰고 골문을 향해 돌진해 나가는데

공을 귀신같이 가로채는 저 선수,
교묘히 발을 걸고 옷을 잡아당기는 저 선수,
결정적인 슛까지 다 막아내는 저 골키퍼,

도대체, 저 상대 선수는 누구인가?

정당한 심판 판정에도 잔뜩 볼이 부은 나,
바로 나와 경기 중인 나 자신은 아닌가?

고오하양

늘 내 머리 속에서 죽은 듯이 자다가

바깥 제 파편의 반사광에 화들짝 깨어나

우르르 가슴에 모여들어 웅성대곤 한다.

그 바람에 내 눈도 찔리고

가슴까지 쐬어 얼얼해지곤 한다.

작고 초라하고 낡은 것들도 힘은 장사다.

콘크리트 틈 풀 한 포기가

금세 황금벌판으로 출렁이고

한 알, 한 모금만으로도 화아— 퍼지는 박하향,

온몸 은하별전구에 일제히 불이 켜지곤 한다.

어머니의 잡풀

어머니, 무덤의 풀이 무성하네요
잡풀의 키가 허리를 넘어요
발로 젖혀 밟아도 다시 일어서고요
돌아가신 지 열다섯 해, 살과 뼈는 삭아도
저희 근심은 더 푸르게 자라나나요
꽃도 없이 풀들만 숲을 이뤘네요
한여름 빗발 후둑이는 해질 무렵
마을이 내려다보이는 산기슭
이 칼잎의 풀은 제 것이지요
이 가시넝쿨도 제 것이고요

영도다리는 들려있는 것이 아닐까

새벽 어둠 속 불빛 휘황한 첫 버스를 타고
부산 초량동 큰누님 집에 갔다가
내 여섯 살은 영도다리 들리는 걸 보았다.
사이렌 소리 울리며 사람들을 막아 세우면
일어서던 다리, 길은 아득히 끊어지고
영영 못 만날 듯 지나가는 배만 바라보다가
내려져 놓인 다리를 급히 뛰어서는
일부러도 헤어지고 다시 만나 얼싸안고 기뻐했다.
칠순이 넘은, 지금도 부산에 사시는 큰누님
나하고의 사이에 영도다리는 몇 번이나 놓였을까?
육이오 때 전사한 남편과의 사이에는 몇 번이나 놓였을까?
재가하며 친정과 시댁에 맡긴, 이제는 오십이 된
유복녀 사이에는 또 몇 번이나 놓였을까?
여섯 살의 여덟 배인 나와 하늘의 어머니 사이에도
다리는 끄떡 않고 놓여 있는데
영도다리가 더 이상 들리지 않고
그 옆으로 새 다리까지 놓인 지가 오래인데
큰누님의 영도다리는 아직도 들려있는 것이 아닐까?
다리란 다리들이 실은 다 들려있는 것은 아닐까?

냇물에 돌이 솟아

저 자식을 어쩌지 못해
불쑥불쑥 솟구치는 저 자식을
차마 어쩌지 못해
그래도 그래도
어르고 달래고 감싸고
뱅뱅 맴돌아
찰랑이며 토닥인다
그래 가자
그래 가자 흐르며
애간장을 끓인다
뒤얽히고 뒤얽히는 심신
겹겹, 겹겹의 주름
저 자식
불쑥불쑥 솟구치는 저 자식을
차마 어쩌지 못해
물거울로 훌훌 흐르지 못해

명암

반가운 누렁호박이
붉은 가시찔레, 마른 잡풀 덤불의
겨울 밭가에 버려져 있다.

덩굴은 물크러져 끊어지고 꼭지는 빠진 채
얼었다 잠시
한낮의 햇볕에 녹고 있다.

푸른 멍은 짙고 넓으며
저승꽃이 피어 있고
들짐승의 잇자국은 깊다.

홀로 시난고난 아흔이 넘었다는
물렁 주름자루
합죽 할머니.

나를 김장한다

나는 나를 김장한다.
내 몸에 김치와 새 재료를 더 넣어 다시 김장한다.
젓갈을 넣어 맛깔스런 전라도식 배추김치,
무김치, 갓김치, 고들빼기김치와 백김치를
날마다 끼니마다 다시 김장한다.
내 살과 피와 찰떡궁합이 되어
발효, 숙성된 김치는
수시로 남에게 제공된다.
김치눈빛, 김치말씨, 김치몸짓, 김치향으로
사람들의 미감에 척척 감긴다.
명품은 멸치젓을 넣어 감칠맛 나되
너무 짜거나 맵지 않은 배추김치이다.
찹쌀풀, 청각도 들어간다.
미리 주문만 하면
맞춤 김치가 되어 바로 달려갈 수도 있다.

핑크선을 타고

내 아침, 저녁 출퇴근은
밀월여행의 연속이다.
나이, 외모, 집안, 국적이 어떻든
붙어 앉든, 떨어져 앉든
신부가 없는 때는 없어서다.
북적대는 하객들과 함께
신문을 보며 미래를 설계하고
벼룩장수에게서 쇼핑도 한다.
빵으로 끼니를 때우고
화장을 고치기도 하며
뇌파로도 밀어를 속삭인다.
머리를 어깨에 기대고
잠도 자며 꿈도 꾸지만
벌써 웬 잠이냐고
아무도 탓하지 않는다.
하루에도 두 번씩이나
지하철 8호선의 내 출퇴근은
행복 만점의 밀월여행이다.

3부

서로의 빈 잔을 채우며

행복의 프로펠러
—세 잎 클로버

오월의 꽃햇살을 받으며
초록잔치로 들썩이는 클로버 언덕,
주안상을 사양하고 청한
행운의 네 잎 클로버는
눈에 띄지 않는다.
한둘의 행운 대신 모두의 행복으로
클로버는 마을길을 받치고 있다.
겨울을 견딘 뿌리만으로도
꽃과 함께 푸르른 세 잎 클로버,
사람들도 꽃얼굴의 가슴마다
행복의 프로펠러를 달고
하늘로 자꾸 날아오른다.

벌레

사슴은 참 용하기도 하지.
내가 뒷산을 오르면서 골똘히 제 생각을 했더니
바로 눈앞에 나타난 거야, 사슴벌레가 되어.
갇혀 지내자니 그 수밖에 없었겠지.
얼마나 급했으면 뒤꼭지뿔을 앞턱에다 달고 날아왔을까?
둘이 한참을 손 맞잡고 눈을 맞추었지.
어두운 두 눈엔 비마저 묻어 있었어.
시계와 마이너스 통장에 갇힌 내 몰골 탓이었을까?
나도 아예 아주 그럴싸한 벌레가 되어
애틋하게 찾아주는 이나 맞아보려 언젠가는
내가 나를 연민해 마지 않았으나
지나는 이들이 발로 툭툭 차면서
일벌레, 돈벌레도 아니라는 거였어.

안개꽃

빈터를 떠돌며 벼랑으로 내몰리던 바람,
제 손발이 더 시린 바람을 아는가?
막히고 막혀 돌고 도는 강물 줄기의 목마른 꿈,
굽이굽이쳐 흐르고 흘러 시퍼렇게 든 멍들을 아는가?
바람의 사리, 물의 뼛가루로 남아
잦아든 울음의 웃음으로 솟아나는 항아리의 젖은 꽃들,
엑스레이 가슴 사진에 찍힌 점점의 아픔들,
자기들끼리나마 부둥켜안아 한 몸이 된 눈물의 점들을 아는가?
눈물이 눈물을 닦고 있는 것을 아는가?
묻으면 묻을수록 자꾸만 싹터 자라는
눈물의 씨앗들을 아는가?

자장면

사무실 구석에 밀쳐둔 자장면 그릇
자장에 비벼져 거멓게 엉겨 붙은 먹다 남긴 면발은
따뜻한 눈길의 밥으로 가는 어둠의 골목길이다.
헐떡이며 뛰어야만 하는 비탈길이다.
질척이는 진흙탕길이고
뒤얽힌 길과 길의 미궁이며
빨려만 드는 시궁늪의 길이다.
바닥 모를 벼랑의 길,
높이 매달려 미끌미끌 흔들리는 길이다.
돌아가거나 고를 수도 없는 외줄의 길이다.

반지와 밥
—바우덕이 묘에서

시월인데 바우덕이는 제 묘에 제비꽃 피워
꿀샘의 뒤꼭지를 따고 꽃자루를 꽂은 반지를
내 손가락에 끼워주었다.

살아서도 사람들에게 끼워주어
식구들의 숟가락과 붉은 살과 한뎃잠에
밥과 옷과 집이 되어 주던
웃음반지, 재주반지, 살반지에 이은 꽃반지였다.

다가오는 겨울
마음만이라도 자기 식구들에게 주고 가라고
제 몸꽃 반지를 끼워주었다.

제 몸으로 고봉밥 한 그릇 높이 지어서는
물에라도 말아 먹으라고
시냇가에 맨밥 한 상 차려 놓은 채였다.

눈의 파종

백 년 만의 삼월 폭설,
쫓겨난 지상의 생령들이 그렇게도 많았다.
봄흙에 뿌리를 내리려고
번개에 천둥까지 치고 울리며 쏟아져 내렸으나
고작 일일천하였다.
비명과 몸부림은 약자의 것
고통의 높이만큼 내려 쌓여 제 목을 누르며
고속의 질주를 막아선 한때의 항변일 뿐이었다.
바람으로 끝도 없이 떠돌다가
싹과 애벌레가 기어이 되어보려는
또 한 번의 대대적인 도전은
씨앗과 동족의 대량 희생만 낳은
참혹한 패배였다.
콘크리트 바닥, 자동차 바퀴에
싹눈 뭉개져 기름땟국 눈물만 흘리고 말았다.

진주

화살이 날아와 박힌다.
칼날의 촉이 날아와 박혀
빼낼 도리가 없으니
앓아내는 수밖에 없다.
칼날이 속살을 후빌 때마다
신음을 토한다.
신음마다 눈물을 쏟으며
칼날에 눈물막을 두른다.
일생 내내 수천 번을
신음의 눈물막을 두른다.
눈물에 실려 내 일생을 관통한
화살은 다시 날아간다.
칼날의 촉은 다시 날아가
과녁의 중심에 꽂힌다.
네 살진 목가슴에
구슬로 맺힌다.

봄물

앵그르의 유화 '샘' 속
샘에서 태어나
샘의 젖과 꿀로 자라
그녀는 샘항아리로 서 있다.
엉덩이항아리를
어깨 위로 들어올리고는
온몸으로 걸러낸
도화향의 미리내를
부어내고 있다.
갓 익은 수밀도의
달항아리가 되어
물도 솟지 않고
목마름도 잊어가는 샘,
우리의 말라붙은 몸으로
그녀는 흥건히
봄물을 흘려 넣고 있다.

분재솔

일흔이 넘어서도 그는
화분에서 산다.
작고 네모난 콘크리트 화분,
지하 공간을 비집고 들거나
높은 허공에 얹혀서 산다.
뿌리를 뻗거나 내릴 수도 없다.
몸이나 식구를 불릴 수도 없다.
팔다리를 움츠리고
몸을 옹송그린 채
일생을 살아가고 있다.
그마저도 화분은 남의 것,
목마른 울음의 딱지가
덕지덕지 붙어 있다.

티켓 다방

차를 팔았지.
아가씨들이 차를 들고 나가는 거야.
아가씨가 차를 따르며 몸도 기울이겠지.
사내들도 차를 마시며
빈 잔으로 따라진 그녀에게
몸을 깊이 기울이겠지.
서로의 빈 잔을 엿보았을 거야.
일부러 들키기도 했을 테고.
그게 가슴이든 주머니든 뭐든
어떻든 채우기는 채웠을 거야.
길어지고 짙어가는 빌딩 그늘 속
단칸 셋방을 받치기도 하겠지.
차를 팔았어.
온통 수직 상승하는 세상,
텅 비어 굳어가는 몸을
서로 자꾸 기울이는 것이겠지.

시장의 아우슈비츠

송곳니로 쇠창살을 친
내 입의 상자 속, 붉은 혓바닥 위에
개들은 갇혀 늘어져 있다.
흑염소, 닭, 오리, 토끼들도
몸을 맞붙인 채
전기봉을 기다리고 있다.
저들과 내가 서로
물끄러미 바라본다.
내 전생들의 아우슈비츠 구금실이
시장 한 켠에 즐비하다.

땅쇠구미호

—최우람 조각 '울티마 머드폭스'

이것은 서울올림픽 미술관에서 처음 본 기계생명체이다.
조각가 최우람 씨가 지하철 1호선 시청역에서 포획한 것이다.
지하 터널 벽 속에서 차량을 따라 빠른 속도로 날다 차와 함께
잠깐 멈춘 사이 벽 밖으로 고개를 내밀자 붙잡았다 한다.
케이블이나 무선으로 송수신되는 온갖 정보들과 버려진 기계들을
도시 지하 병원의 로봇 닥터들이 합성하여 탄생시킨 것이다.
인간의 배아줄기세포 배양 기술을 상용화하여
고장난 부품들이 새 부품으로 소생하기도 하고
자기 증식, 복제, 돌연변이를 거듭하는 기계들과 더불어
이것의 초첨단 능력도 날마다 업데이트된다.
탁월한 예술적 영성으로 생포가 가능하다 하지만
이들의 먹이인 물과 전기, 전자파 등의 유실은 늘어만 간다.
사람들을 칸칸 층층이 제법 자유로이 드나들게 놓아둔 채
그들의 말과 눈빛과 숨결, 뇌파까지 먹고 살면서
점점 빨라지고 노선을 넓혀가는 지하철 비단뱀,
날로 거대하고 지혜로워지는 빌딩이나 아파트 공룡들과 함께

언제 사람들을 재나 숯덩이로 해치워 버릴지 알 수 없는 이들의 세계가 바야흐로 융성하기 시작했다.

움켜잡은 사람

몇 백 년이 지나 파헤쳐진 무덤 속
사람이 저토록 끝까지 몸을 붙들고 있다.
뼈로 살을, 살로 뼈를 움켜잡고 있다.
꼴이 말이 아닌 도깨비꼴이지만
그래도 놓지 못해 사람 몸을 붙잡고 있다.
손으로 움켜쥔 것은 손금 몇 줄
머리칼로 싸 받친 것은 텅 빈 뇌 껍데기
꿈도 다 잃고 돌바닥에 말라붙어
놓친 끼니의 헛허기나 이빨로 악문 채
미라로 남아서도 결코 사람을 못 놓고 있다.

4부 · · · 큰 돌을 기뻐하는 시시포스

범부 신화

쑥을 다듬으며 아내는
단오절까지 더 캐서
맛있는 쑥국을 두고두고 먹자고 했다.

저희가 지른 촛불을 광장에서
마구 쓸어버리며 세상을 정글로
몰아가는 어둠을 향해

눈을 부라리며, 손톱 발톱을 세우고
호시탐탐 으르렁거리는 나를
염려하는 눈치가 역력했다.

꿈틀대는 내 수성獸性을 잠재우려고
마늘장아찌에 쑥국을
날마다 먹일 속셈임이 틀림없었다.

남루한 잠

잠들기가 무섭다.
부쩍 줄어든 잠, 그마저
꿈이 짓밟히는 꿈으로 어지럽다.

불길에 휩싸이다 깨고
물대포에 쓰러지다 깨고
직장에서 쫓겨나다 깬다.

잠, 잠마다
악몽이다.

짧은 잠,
숙면이 사치란 말인가?

시든 심신의 살도 못 가려주는
내 잠의 남루여.

문어 척후
—새벽

문어야, 그 많은 다리로
나를 깨워대는 거야?

당연히 다리로 서고
다리로 걷지

별별 일들이 다
다리가 아니냐고?

그것들이 바로
오늘의 지주가 아니냐고?

볶이고 눌려야
길은 트이는 거라지만
그래, 이렇게 일찍 날마다
죽 한 그릇 달랑 들려

문어 척후, 너를 앞세우고
정복군 하루는 온다는 거니?

저돌

멧돼지는 호랑이를 몰아내고 산의 왕이 되었다.
세상까지 차지하려고 농작물을 먹어치우고
사람들을 물어뜯기 시작했다.
도심으로 내려와 슈퍼마켓에서 아이쇼핑을 즐기고
지하 룸카페에 양주나 한 잔 해볼까 하고 들렀다가는
마담의 허벅지를 송곳니로 슬쩍 그어 연정을 표하기도 했다.
강남 아파트 투기를 위해 한강을 건너다가
경쟁자들의 집중 총격을 받고 장렬히 전사하기도 했다.
더 빨리, 더 많이 갖기 전투가 정말 저돌적이다.
업자들이 제공하는 집과 음식에 몸을 바친 동료들이
불판 위에서 지글거린 지가 오래되었다.
인간의 멧돼지화를 위한 살신성인의 결실일까?
사람의 눈에서는 동족의 독기만이 시퍼랬다.
멧돼지의 세상은 이미 이루어져 있었다.

노숙

내 시린 새우잠의 수면에

뜨고 뜨는 물수제비,

꿈결의 동심원은

골짜기 너머너머로 퍼져간다.

일파, 만파, 꽃인파—

뺄 씻긴 하늘을 우러르며

깊은 닻의 밧줄을 끌어당긴다.

짤랑, 번득이는 칼날에

푸른 잠의 목은 베이고 만다.

돌해

저 해가 돌이다.

종일 서산 너머로 밀어 넘기면

또다시 동녘에 떠오르는 해,

저 해가 바로

기뻐하는 시시포스의 큰 돌이다.

목숨보다, 일보다

결코 더 크지 않은 큰 돌이다.

차마 밀어 넘길 수 없는 목숨으로

밀어 넘겨야만 하는

밀어 넘길 수밖에 없는 것은

저 해 말고는 아무것도 없다.

태풍 혼의 고해

나도 실은 오리오리 실바람이었다.
참고 기다리며 나눌 줄을 몰랐고
산들바람, 남실바람의 비의를 알지 못했을 뿐이다.

내게도 봄바람이 없었던 것은 아니다.
꽃을 피우고 씨앗을 나르며
숨결로, 휘파람으로 흐르는 바람,
별을 반짝이고 물결을 찰랑이게 하며
나뭇잎을 한들한들 도란거리게 하는 바람,
새들을 하늘 높이 받쳐 올리며
벌레들의 노랫소리를 달빛에 짜 늘이는 바람,
깃발을 나부끼며 푸른 바다로 배를 밀어가는
바람이 없었던 것은 아니나

그때 나는 다만 외눈박이였다.
나는 오로지 속도와 대박에 미쳐 있었다.
나를 못 이겨 세상을 휘몰아친 죄를
일찍 깨달은 자신이 그나마 다행이라면 다행이었다.

숭례문

독재에 항거하는 분신도 있었고
태안 기름 오염 사태 무책임에 항의하는 분신도 있었다.
우리 문화재도 홀대와 소외의 슬픔을 더는 견디기 어려워
항의하기로 뜻을 모았다.
나는 문화재의 대표로서 기꺼이 나서기로 했으며
고민고민 끝에 분신을 택하기로 했다.
잡상 하나를 밀사로 보내 토지 보상에 불만인,
문화재 방화 전과자의 침범을 묵인하기로 했다.
지하철이 밑을 흔들어 댄 지도 30년이 넘은 데에다
기록을 날로 경신하는 자동차 소음과 매연으로
죽을 결심을 안 할 수가 없었다. 문을 개방해 드나드는 사람들의
"확, 불을 싸질러 버려!"
이런 말을 종종 들으면서 분신을 굳혔다.
경비도 허술하고 방화 설비도 있으나 마나이며
관계기관들의 방재 대비 미비 등을 모두 고려한,
딱 안성맞춤의 선택이었다.
새해 시작부터 경종을 울리기 위해 설 연휴 직후를 골랐으며
출범을 앞둔 새 정부의 주의 환기 목적도 있었다.
현판이 땅에 떨어지는 것을 다들 보았을 것이다.

태우지 않고 땅에 떨어뜨린 뜻을 잘 알아야 한다.
국토에 함부로 손을 대는 비례를 저지르지 않는 것은 물론이고
땅에 떨어진 이 땅의 예를 다시 높이 일으켜 세우리라 믿는다.
예가 없으면 바로 지옥이다.
무한 경쟁은 사양도 배려도 없는 싸움이고
돈만 섬기면, 영혼도 상품일 뿐이다.
잘 살아야 하지만
누구든 무엇이든 모두 함께 잘 살아야 한다.

번개 촛불

징벌의 축복,
벽조목 목걸이를
목에 걸고
피뢰침의 땅선을
가슴에 묻는다.
쩌렁쩌렁
허공에 새기는 칼금
하늘의 계명을
받아 날리는 전화 문자,
번개 치고 번개로 모여
밝혀 드는 촛불,
비바람에도 너울거리며
어둠의 이마를
혀로 핥는다.

독립문

독립문은 독립해 있다.
고가도로의 위협적인 휘어쳐 스침,
아파트의 어지러운 고공비상,
행인들의 화사한 치레와는 따로
독립해 있다.
검버섯이 핀 채 길가에 나앉은
양로원 노인이 거기 있다.
그만 떠나라고 눈치껏 사라지라고
천지사방에서 을러대는
구박의 등쌀이 노골적이다.
독립문은 독립해 있다.
그곳의 삼일만세운동,
독립군 무장항쟁,
한글운동의 상흔과 함께
독립해 있다.
옛 서대문형무소 옥사,
유관순 열사 순국지,
순국선열 추념탑과도
저만큼씩 함께 독립해 있다.
여전히 어른거리는 검은 그림자,
독립은 독립해 있다.

히말라야의 선물

히말라야가 온다.
히말라야의 만년설이 온다.
히말라야의 산골 집집 온 가족의 행복이 온다.
자연과 전통문화와 사람들의 즐거움이 온다.

나무의 뿌리, 줄기, 잎, 꽃, 열매,
사람의 눈, 코, 혀, 위, 장의 기쁨이 온다.
똥, 오줌의 향기도 온다.
비행기, 자동차, 가게의 휘파람도 온다.

동물 배설물의 가스불이 온다.
천 년 내내 북과 피리 반주에 맞춘 춤과 노래가 온다.
희미한 전등빛이 온다.
고산 경사지 빗물이 온다.

가난한 나라, 가난한 사람들의 희망이 온다.
생산에서 소비까지, 모두의 웃음이 온다.
계급과 여성 차별의 관습이 묻어오긴 하지만,
참 아름답고 착한 커피가 온다.
'히말라야의 선물' *이 온다.

* 히말라야의 선물 : 아름다운 가게의 공정무역 커피 이름. 네팔 히말라야 산기슭이 산지임.

월드컵 골

공은 골그물에 걸리고 만다.
아무리 강력한 골, 절묘한 골이라도
공은 골그물에 걸리고 만다.
줄줄이 늘어선, 골문 뒤의 골문에는
골인하지 못한다.
힘없고 가난한 나라의 어린이는 여전히 바늘에
손가락을 찔리며 공가죽을 꿰매야만 한다.
텅 빈 밥그릇을 멍하니 바라보아야만 한다.
무차별 폭격에 가족을 잃고
팔다리가 잘려야만 한다.
무성한 여름숲의 캄캄한 겨울 응달에서
오돌오돌 떨어야만 한다.

효시

화살은 울었다
화살은 소리 내어 울었다
싸움의 시작을 알려야 한다니

싸움의 끝을
노래하고 싶은데
사랑노래 부르며 날고 싶은데

산에서도 효— 효—
새며 짐승과도 어우러져
푸른 메아리 울리고 싶은데

화살은 울었고 울고 있다
지금은 소리 죽여 울고 있다
아직도 불붙는 싸움

시작만 있고
끝은 없다니

| 해설 |

백우선의 시 혹은 환대의 시학
-다들 행복의 나라로 갑시다

김정남(문학평론가 · 소설가)

시인이 저주받은 존재라는 사실은 더 이상 낭만주의적 시관의 산물이 아니다. 그것은 현대사회에서 시인이 차지하는 자리이며 그 오욕은 사회에 동화되지 '않은' 자발적 소외의 대가다. 총체적 교환사회로부터 이처럼 철저하게 거리를 두는 시인이야말로 현실을 비판할 수 있는 권리를 부여받는다. 사르트르가 혐오해 마지 않았던 일요화가란 바로 이 거리가 상실된 사이비 예술가를 지칭한다. 휴일이면 화구통이나 메고 산이나 들을 찾아 사생을 즐기는 그들이 만들어내는 딜레탕트의 산물이, 그 어떤 미적 가치를 지닐 수 있을 것인가.

백우선 시인은, 시가 고뇌와 절망의 양식이라는 사실을 누구보다도 뚜렷하게 보여주었다. 그는 미적 자의식 속을 헤매 다

니지도 않았고, 작위적 관념을 지어내지도 않았으며, 더욱이 이상화된 자연이나 관념화된 현실의 틀 속에 갇혀 있지도 않았다. 어떠한 면에서 그는 서정과 현실이 길항하며 맞부딪치는 자리에서 끊임없이 진동하며, 자신과 문학과 현실의 공유지면을 끈질긴 견인력으로 지탱해 온 강인한 시혼의 소유자다.

당신들에겐 있고
나에겐 없는 휴대폰 대신
나에겐
비밀 아닌 비밀의 이게 있네.
하고 싶은 말 생각만 하면
금방 날아가고
문자 메시지도 동영상도
귓속으로가 아니라 가슴속으로
통화불능 지역도 없이 언제나
또렷또렷 날아가 파고들고
또 곧바로 자동 회신되는
초첨단 정밀 기기 이것은 있네.
노래도, 꿈도, 아름다운 이야기도
동시 송수신 안 되는 적이 없고
감청에도 털끝 하나 걸리지 않네.
가슴뼈에 새겨진 통화기록도
누설될 리 전혀 없고
지진도 태풍도 미동만 하면

바로 알지 못할 일 하나 없네.
당신들은 버려두고
나만 애용하는 것,
나에겐
또 다른 당신들과만 주고받는
무지갯빛 뇌파의
텔레파시 폰이 있네.

—「텔레파시 폰」 전문

잡스라는 CEO는 변화를 즐겨라,라고 말했다. 그러나 여기에는 '왜'가 빠져 있다. 변화는 무엇인지, 왜 변화해야 하는지, 어떻게 변하는 것이 참다운 것인지,가 빠져 있다. 다시 말하자면, 스스로에 대한 존재적인 성찰이 부재한 상태에서 오로지 경쟁에서 이기는 것에만 몰입하기 때문이다. 자신과 세계에 대한 고민이 없어야만 이 게임은 성공할 수 있다. 그러한 의미에서 변화를 즐기라는 말은 도구적 이성이 후기 자본주의와 만나면서 생긴, 탐욕의 주문이다. 이러한 삶의 논리 속에서 인간은 동물화될 수밖에 없다.

당신들이 모두 하나씩 차고 있는 휴대폰 대신, 화자에겐 '비밀 아닌 비밀의 이게' 있다. 말은 쉽게 휘발되고, 문자메시지나 동영상도 지워버리면 그만이다. 그러나 화자는 '귓속으로가 아니라 가슴속으로', '통화불능 지역도 없이' 날아가 파고들며, 또 '자동 회신되는' 첨단기기를 가지고 있다. '노래도, 꿈도, 아름다운 이야기도' 모두 들어 있으며, 도감청의 위험도 없고,

'태풍도 지진도' 섬세한 감지력으로 알아내지만, 오로지 '당신' 들은 버려두고 '나만이 애용하는 것' 이다. 이쯤 되면, 그것이 무엇인지 모를 리 없을 것이다. 화자는 이를 '텔레파시 폰' 이라 하였는데, 이는 곧 시가 전달되는 비의적 과정을 가리키는 것이 아닌가.

'가슴뼈에 새겨진' 그 메시지들은 무지갯빛 뇌파가 되어 가슴에서 가슴으로 '직빵으로' 이어진다. 당신들의 첨단 기술 속에 부재한, 영혼의 밀어는 바로 시어이다. 그 소리는 첨단이되 가장 원시적인 목소리다. 옥타비오 파스는 시를 가리켜 이렇게 말하지 않았던가. "시는 세련된 형식을 사용하여 말하는 기술이자 원시적 언어이다."라고. 영원히 가슴뼈 위에 새겨지는 통화기록은, 바로 시가 시심을 울렸을 때 새겨지는 불멸의 언어가 아닌가. 그럼에도 기술이 우리를 자유롭게 한다는, 거짓 이념을 신봉해야만 하는가. 기술이 '두근두근 Tomorrow' 를 열어간다는 소문을 믿어야만 하는가. 거짓 욕망을 자극하는 자본의 논리에 속절없이 현혹된 사람들은, 최첨단의 텔레파시 폰을 버리고, 스마트 폰을 사기 위해 긴 줄을 선다. 그것을 씀으로써 그들은 과연 스마트해질 것인가.

오히려 우리의 생은 생존을 위한 '저돌' 의 전쟁터가 되어버리고 말았다는데, 우리 시대의 비극적 역설이 숨어 있다.

> 멧돼지는 호랑이를 몰아내고 산의 왕이 되었다.
> 세상까지 차지하려고 농작물을 먹어치우고
> 사람들을 물어뜯기 시작했다.

도심으로 내려와 슈퍼마켓에서 아이쇼핑을 즐기고
지하 룸카페에 양주나 한 잔 해볼까 하고 들렀다가는
마담의 허벅지를 송곳니로 슬쩍 그어 연정을 표하기도 했다.
강남 아파트 투기를 위해 한강을 건너다가
경쟁자들의 집중 총격을 받고 장렬히 전사하기도 했다.
더 빨리, 더 많이 갖기 전투가 정말 저돌적이다.
업자들이 제공하는 집과 음식에 몸을 바친 동료들이
불판 위에서 지글거린 지가 오래되었다.
인간의 멧돼지화를 위한 살신성인의 결실일까?
사람의 눈에서는 동족의 독기만이 시퍼랬다.
멧돼지의 세상은 이미 이루어져 있었다.

—「저돌」 전문

원시 인간은 무서운 동물을 잡아먹음으로써 그 동물의 뛰어난 힘과 용맹스러움이 자신의 몸속으로 스며들 것이라 생각했다. 따라서 그 동물은 인간에게 먹힘과 동시에 토템의 형태로 숭배된다. 그러나 소위 계몽주의 시대 이후, 인간은 자신들의 영역에서 인간을 제외한 동물들을 추방시켰다. 인간이 자연을 타자화하는 하나의 방식에 바로 동물의 가축화(domestication)가 있었다. 그리하여 그들은 식용으로 사육되거나 멸종의 위기를 지탱하기 위해 동물원에 갇혀 관람된다. 또 그래야만 인간의 안전한 삶이 유지된다고 믿고 있다.

그러나 이게 가끔 말썽이다. 분명히 자연 속에 버려져 있어야 하거나 갇혀 있어야 할 것들이 우리의 생활터전에 불쑥 침

입하는 것이다. 사람들은 여기서 원시적(자연적) 공포의 출현을 목격한다. 숲의 생태계 먹이사슬 중의 최강자 호랑이가 사라지자 멧돼지는 산의 왕이 된다. 그 녀석들은 인간의 터전에 들어와 농작물을 먹어치우고, 사람들을 해친다. 이는 이미 잘 알려진 사실. 그러나 이 시의 묘미는 바로 멧돼지를 인간과 동일화시켰다는 데 있다. 도심의 슈퍼에서 아이쇼핑을 즐기고, 지하 룸카페에서 마담의 허벅지를 송곳니로 그어 연정을 표시하는 것은 '멧돼지-인간' 들이다. 강남 아파트 투기를 위해 한강을 건너다가 경쟁자들의 총격을 받고 전사하는 것들도 바로 이들이다. '집과 음식에 몸을 바친 동료' 들이 천민자본주의 화로 위에서 지글거린 것이 어제 오늘의 일인가. 인간의 멧돼지화는 다름 아닌 인간의 동물화를 지칭한다.

코제브Alexandre Kojéve는 역사의 종언 이후 나타나게 되는 삶의 방식을 속물화와 동물화라고 말한 바 있다. 내면성을 상실한 철저히 '타인지향적인' 인 삶을 살고 있는 우리들 말이다. '폼생폼사' 라고 했던가. '타인지향의 사회심리=대중소비사회의 속성=아메리카적 생활양식' 의 등식관계로 설명되듯이, 우리의 삶의 울타리에 있는 모든 것들이, 가령 집과 차를 비롯한 소유물에서부터 우리의 몸뚱어리까지, 타인의 시선을 끌기 위한 상품이 되는 스노비즘적 삶의 태도! 이것이 바로 코제브가, 시인이, 발견한 우리 삶의 동물화이다.

네가 몰래 내 자리의 옆구리를 따고
네가 슬쩍 내 가방을 훔치는 동안

네가 내 돈, 신용카드, 주민등록증, 수첩, 운전면허증 따위를
훔치는 동안
나는 새봄과 함께 있었는데
나는 봄싹, 봄꽃, 봄소리에 나를 잃고 있었을 뿐인데
그동안에 네가 내 가방을 훔친 것은
그동안에 네가 내 분신들을 훔친 것은
그동안의 나를 내게 보이려는 것이었을까?
나도 무얼 훔치고 있었다는
나도 누군가의 땀, 휴식, 기쁨 따위를 훔치고 있었다는
나도 무언가의 목숨의 꽃잎 따위를 훔치고 있었다는 것일까?
그렇다면 너와 나는 동업 중이었던 것일까?
아니면 내가 더 큰 도둑이었던 것일까?

—「네가 나를 훔치는 동안」 전문

이러한 동물적 삶에서 벗어나기 위해서는 내면을 향한 시선이 필요하다. 부분이 아닌 전체를 인식하려는 원근법적 노력이 필요하다. 우리가 잃어버린 내면성과 전체성에 대한 통찰은 바로 문학을 기본으로 한 반성적 사유에서 나온다는 사실은 불문가지다.

어느 날, '새봄과 함께', '봄싹, 봄꽃, 봄소리'에 홀려 있는 동안, 누군가 화자의 옆구리를 따고 슬쩍 가방을 훔친다. 좀도둑에 당하고 있는 이 형국을, 화자는 이렇게 말한다. 그의 도둑질은 '그동안의 나를 내게 보이려는 것'이 아니었을까,라고. 그

가 훔친 것은 무엇인가. '돈, 신용카드, 주민등록증, 수첩, 운전면허증 따위' 들. 화자는 알아차린다. 그동안 '나도 무얼 훔치고 있었다' 는 것을! 누군가의 땀을, 휴식을, 기쁨을! 그러므로 '너와 나는 동업 중' 이었던 것이다.

우리는 모두 타자의 생을 담보로 살아간다. 동물의 목숨을 대가로 그들의 시체를 먹어야만 하며, 어차피 동물이 되어 살아가는 '멧돼지-인간' 인 우리들은 타자의 소유물에 대한 끊임없는 탐욕으로 살아가지 않는가. 이 동물화된 삶에서 벗어나기 위해서는 무엇이 필요한가. 현실을 떠나야만 하는가. 돈을 벌지 말아야 하는가. 시체들을 먹지 말아야 하는가. 아예 이 땅에서 일체의 사회적 아이덴티티를 포기해야만 하는가. 우리는 이러한 욕망과 탈욕망, 육식과 거식의 딜레마를 어떻게 극복할 수 있을까. 바로 이 자리에 '윤리' 가 개입해야 할 필요가 있다. 자신도 역시 도둑이라는 사실, 오히려 '내가 더 큰 도둑이었던 것일까?' 라는 반성적 사유 말이다. 이러한 윤리야말로, 약육강식의 동물화된 자본주의 사회에서, 홀로 빛나는 말씀이 아니던가.

여기 우리 시대의 가슴 아픈 연애가 있다. 자본주의 사회에서 얻을 수 있는 우리들의 '최저낙원' 이 있다.

차를 팔았지.
아가씨들이 차를 들고 나가는 거야.
아가씨가 차를 따르며 몸도 기울이겠지.
사내들도 차를 마시며

빈 잔으로 따라진 그녀에게
몸을 깊이 기울이겠지.
서로의 빈 잔을 엿보았을 거야.
일부러 들키기도 했을 테고.
그게 가슴이든 주머니든 뭐든
어떻든 채우기는 채웠을 거야.
길어지고 짙어가는 빌딩 그늘 속
단칸 셋방을 받치기도 하겠지.
차를 팔았어.
온통 수직 상승하는 세상,
텅 비어 굳어가는 몸을
서로 자꾸 기울이는 것이겠지.

—「티켓 다방」 전문

티켓 다방이 갖는 부정적인 의미를 소거하고 보면, 차를 팔고 몸을 기울이는 행위들도 가난한 자들의 텅 빈 애무愛舞 같은 것이 아니랴. 아가씨들이 차를 따르며 몸을 기울이듯이, 사내들도 차를 마시며 '빈 잔' 같은 그녀들에게 몸을 기울인다. 그들의 몸짓은 돈을 매개로 한 육욕의 관계라기보다는, 서로의 빈 잔을 엿보는 행위, 혹은 일부러 들키기도 하는 행위다. 그것을 통해 가난한 사내들의 텅 빈 마음이 채워졌든지, 또 아가씨들의 주머니가 채워졌든지 간에, '길어지고 짙어가는 빌딩 그늘 속' '단칸 셋방을 받치기도 하' 는 작은 위로가 되었을 거다. 화자는 말한다, 이들이 몸을 자꾸 기울이는 이유를. 그것은 세상이 '온통 수직 상승하'기 때문이다. 빌딩이 하늘을 찌를 듯 높아가고, 그 숲이 인간의 숨통을 막아 세울수록, 가난한 자들의 누항에 드리운 그림자는 더욱 짙어지기 때문이다, 몸이 텅 비어 굳어가기 때문이다.

어머니, 무덤의 풀이 무성하네요
잡풀의 키가 허리를 넘어요
발로 젖혀 밟아도 다시 일어서고요
돌아가신 지 열다섯 해, 살과 뼈는 삭아도
저희 근심은 더 푸르게 자라나나요
꽃도 없이 풀들만 숲을 이뤘네요
한여름 빗발 후둑이는 해질 무렵
마을이 내려다 보이는 산기슭
이 칼잎의 풀은 제 것이지요
이 가시넝쿨도 제 것이고요

—「어머니의 잡풀」 전문

그리하여, 여기 시인의 근심은 어머니의 무덤 위의 잡풀처럼 무성하게 자라난다. '발로 젖혀 밟아도 다시 일어서'는 시인의 심우深憂는 어머니의 살과 뼈가 삭아도, 더 푸르게 자라난다. 한 송이 꽃도 없이 우거진 무초蕪草는 황막한 현세의 삶을 은유한다. 이에 화자는 어머니 무덤 위 '칼잎의 풀'도, '가시넝쿨'도 모두 제 것이라 여기며, 생의 고통과 험난함을 말한다. 이미 돌아간 자는 아무 말이 없으니, 생은 모두 산 자의 것이요, 그 고통은 무덤 위에 울울하게 자라나는 칼날 이파리처럼, 가시덤불 처럼, 아프고 괴로운 것이다.

> 오월의 꽃햇살을 받으며
> 초록잔치로 들썩이는 클로버 언덕,
> 주안상을 사양하고 청한
> 행운의 네 잎 클로버는
> 눈에 띄지 않는다.
> 한둘의 행운 대신 모두의 행복으로
> 클로버는 마을길을 받치고 있다.
> 겨울을 견딘 뿌리만으로도
> 꽃과 함께 푸르른 세 잎 클로버,
> 사람들도 꽃얼굴의 가슴마다
> 행복의 프로펠러를 달고
> 하늘로 자꾸 날아오른다.

—「행복의 프로펠러—세 잎 클로버」 전문

숙명적인 고苦를 지니고 살아가는 우리들은, '모두의 행복으로' 살아가는 법을 배워야만 한다. 인간의 동물화를 막기 위해서는, '인간-멧돼지'의 약육강식으로부터 우리 스스로를 지켜내기 위해서는, 우리는 모두 타자에 대한 환대(hospitalité)를 깨우쳐야만 한다. 시에서 화자는 오월의 '꽃햇살을 받으며' '행운의 네 잎 클로버'를 찾지만 그것은 눈에 띄지 않는다. 그러나 지천으로 펼쳐져 있는 '세 잎 클로버'는 '한둘의 행운이 아닌 모두의 행복으로' '마을길을 받치고 있다.' 넓고 흔하게 자라는 세 잎 클로버가 행운의 네 잎 클로버보다 아름다운 이유는 여기에 있다. 또한 사람들의 '꽃얼굴의 가슴마다' '행복의 프로펠러를 달고' 하늘로 날아오르는 세 잎 클로버는, 우리가 지향해야 할 구원의 방향을 제시해 주고 있다.

자본이라는 욕망을 중심에 세우고, 자기중심적 동일화로 전쟁 같은 하루하루를 반복하는 우리들이, 이제 그 동물적 삶의 지침을 돌려, 세 잎 클로버의 윤리로, 타자와 더불어 행복의 프로펠러를 달고 하늘로 날아오를 수는 없는 것일까. 이 시인의 나직하되 간절한 목소리가 들리지 않는가. 변화를 즐기라고 말하는 네 잎 클로버의 오만과 위선이 아니라, 가장 낮은 곳에서 세계를 지탱하는 다수의 세 잎 클로버들이 행복한 세상! 이것은 오랜 세월 서정의 원리가 꿈꾸어왔던 이상이며, 현생 인류가 궁극적 지향으로 삼아야 할 철학적 지표임에 분명하다. 우리 모두 백우선 시인이 돌리는 행복의 프로펠러를 타고, 다들 행복의 나라로 갑시다.

문학의전당 · 시인선 94
봄의 프로펠러

초판인쇄 2010년 8월 3일
초판발행 2010년 8월 8일

지 은 이 백우선
펴 낸 이 김충규
펴 낸 곳 문학의전당
출판등록 제387-2003-00048호(2003년 9월 8일)

주　　소 121-718 서울특별시 마포구 공덕2동 404번지 풍림VIP빌딩 202호
전화번호 02-852-1977
팩시밀리 02-852-1978
블 로 그 http://blog.naver.com/mhjd2003
전자우편 mhjd2003@naver.com

I S B N 978-89-93481-62-4 03810